AGNÉS
DE CHAILLOT,
COMEDIE.

PAR Mʳ. DOMINIQUE,
Comedien de S. A. R. Monſeigneur
LE DUC D'ORLEANS.

*Repreſentée par les Comediens Italiens de Son
Alteſſe Royale, Monſeigneur le Duc
d'Orleans.*

Thumainbourg

A PARIS,
Chez FRANÇOIS FLAHAULT, Quai des
Auguſtins, au coin de la ruë Pavée, au
Roy de Portugal.

M. DCC. XXXIX.
Avec Approbation & Privilege du Roi.

ACTEURS
de la Comedie.

TRIVELIN, ancien Bailly de Chaillot, sur-
nommé le Justicier.

LA BAILLIVE, sa femme.

PIERROT, fils de Trivelin.

AGNE'S, Servante du Bailly, & mariée secre-
tement à Pierrot.

CROUTON, Ambassadeur de Gonnesse.

DEUX MITRONS.

ARLEQUIN, Bedeau & parent du Bailly.

LE MAGISTER.

LE MARGUILLER d'honneur. } *Personnages muets.*

LE CARILLONNEUR.

Quatre PAYSANS.

Quatre ENFANS.

LA NOURRICE des Enfans.

UN ARCHER.

PAYSANS & PAYSANES.

La Scene est à Chaillot, dans la maison de Trivelin.

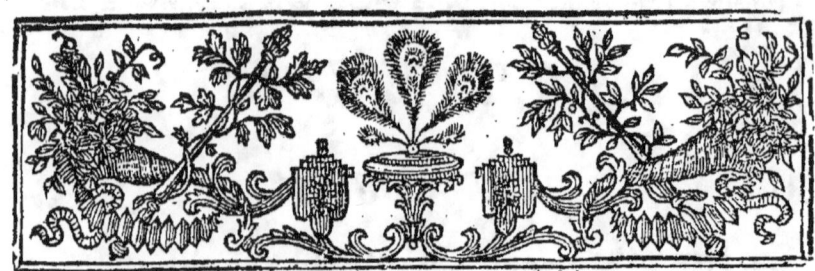

AGNÈS
DE CHAILLOT,
COMEDIE.

SCENE PREMIERE.

LE BAILLY, LA BAILLIVE, AGNE'S, Quatre Payfans.

Martin LE BAILLY.

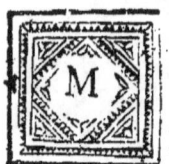

ON Fils ne me fuit point ; fans peine je l'excufe ;
Il vient de remporter le prix de l'Arquebufe :
Il eft encor tout plein de cet excès d'honneur ;
Mais de Gonneffe enfin, voici l'Ambaffadeur.

LA BAILLIVE.

Pour me dire ces mots, faut-il tant de miftere ?
Moi, qui fus de Gonneffe autrefois Boulangere.
Je dois bien le connoître, il fe nomme Crouton,
Mon fils depuis un an en a fait fon Mitron :
Mais, Monfieur le Bailly, toujours avec emphafe,
Vous nous faites valoir jufqu'à la moindre phrafe.

LE BAILLY.

Apprenez qu'un Bailly doit parler gravement ;
Mais de l'Ambaffadeur oïons le compliment.

SCENE II.

LE BAILLY, LA BAILLIVE, AGNE'S, *suite du Bailly,*
CROUTON, *Ambaſſadeur de Gonneſſe, & ſa ſuite.*

CROUTON.

JE ſommes députez des Bourgeois de Gonneſſe,
Qui vous marquent par Nous, Bailly, leur allegreſſe,
Ils ſont tretous joyeux que Monſieur votre fils
De l'Arquebuſe enfin ait remporté le prix ;
Goutez, Bailly ; goutez, non pas deux fois, mais quatre,
La gloire que ce fils ſur vous a ſçû rabattre :
Ah ! quel plaiſir pour vous, de faire tant de bruit !
Et d'être par un fils rengendré, reproduit,
Que vous êtes heureux ! chez vous rien ne décline ;
Vous vendez votre ſon mieux que votre farine ;
Vous mettez tout en branle, & vos vœux ſont contens ;
J'en partageons la joye avec vos Habitans,
Notre Maître ſurtout, de ſi bon cœur s'y livre,
Que depuis avant hier il n'a ceſſé d'être yvre.

LE BAILLY.

Votre Maître, Crouton, m'eſt uni doublement :
Sa mere eſt mon épouſe, on ne ſçait pas comment,
Mais n'importe, cela ne fait rien à l'affaire ;
Et le même Contrat qui m'unit à ſa mere,
Veut que mon fils Pierrot ſoit l'époux de ſa Sœur.

LA BAILLIVE.

Sans que vous le diſiez on ſçait cela par cœur.

LE BAILLY.

Ainſi dans nos Enfans nous nous verrons renaître ;
Adieu.... de mes deſſeins inſtruiſez votre Maître,
Dites lui que Pierrot épouſera ſa Sœur.

L'Ambaſſadeur ſe retire avec toute ſa ſuite.

SCENE III.

LE BAILLY, LA BAILLIVE, AGNE'S.

LA BAILLIVE.

Vous renvoyez bien-tôt ce pauvre Ambaſſadeur ;
Vous deviez bien du moins le prier de la nôce ;
Ou pour s'en retourner lui prêter votre roſſe.
Mais, ſur un autre fait, diſcourons entre nous :
Votre fils, que déja ma fille aime en époux,
Ne la regarde pas, elle eſt inconſolable.

LE BAILLY.

Que m'apprenez-vous là, ce ſeroit bien le diable,
Pour Conſtance, Pierrot ſeroit indifferent ?
Il le faut excuſer, les honneurs qu'on lui rend
Lui montent à la tête, il en eſt dans l'yvreſſe,
Car ſouvent les honneurs enyvrent la jeuneſſe.

LA BAILLIVE.

Il faut à ſon devoir ranger cet étourdi,
Il a du cœur, il eſt entreprenant, hardi,
Ne manque pas d'eſprit, ſa figure eſt gentille ;
Il excelle au Billard, & ſçait bien le Quadrille ;
Dans tout notre Village, il n'a point ſon égal,
Mais convenez auſſi qu'il eſt un peu brutal.

LE BAILLY.

Allez, ne craignez rien, je ſçaurai le réduire,
Repoſez-vous ſur moi, ce mot doit vous ſuffire ;
Je vais trouver Conſtance, & dans le même temps ;
A mon coquin de fils parler des groſſes dents.

SCENE IV.

LA BAILLIVE A AGNE'S, *qui travaille en Tapiſſerie.*

Agnés, pour m'écouter, laiſſez-là votre ouvrage,
Eh bien, que dites-vous de tout ce tripotage ?

AGNE'S *d'un air ſimple.*

Moi, Madame ?

6

LA BAILLIVE.

Pierrot pourroit vous en conter ;
Souvent dans votre Chambre, il va vous visiter :
Etes-vous sa maîtresse, ou bien sa confidente ?

AGNÈS.

Hélas, je suis, Madame, une pauvre innocente,
Qui ne sçait pas encore à quoi sert un Amant.

LA BAILLIVE.

Vous parlez en niaise, & pensez autrement.

AGNÈS *soûpirant.*

Qui, moi ? je ne sçais pas ce que vous voulez dire.

LA BAILLIVE.

Vous soupirez, je crois ?

AGNÈS.

Non, c'est que je respire.

LA BAILLIVE.

Vous appellez cela respirer ? jour de Dieu,
Si quelqu'un à ma fille arrachoit un cheveu,
C'est comme s'il osoit me l'ôter à moi-même,
Ma fille est mon bijou, je la cheris, je l'aime,
Est-il rien de si beau que cette fille-là ?
Si-tôt qu'elle paroît, chacun dit …. la voilà.
Qu'elle vienne à sous-rire ou tourner la prunelle,
On entend soupirer tout le monde autour d'elle ;
Et cependant je vois qu'on la méprise ici,
Mort de ma vie, il faut éclaircir tout ceci,
Chargez-vous de ce soin, entendez-vous, ma mie !
Sçachez par qui ma fille est aujourd'hui trahie,
Apprenez-moi sur qui doivent tomber mes coups,
Découvrez sa rivale, ou je m'en prens à vous.

Elle s'en va.

SCENE V.

AGNÈS *seule.*

AH ciel ! qu'ai-je entendu ? quelle affreuse tempête ;
Si j'en crois ses transports, va fondre sur ma tête ?

Heureufe en ce péril qui me glace d'effroi,
Si je n'avois encore à craindre que pour moi.

SCENE VI.

PIERROT, AGNE'S

AGNE'S.

VEnez mon cher Pierrot.

PIERROT.

Je vous vois toute émuë;
Qu'avez-vous, belle Agnés ?

AGNE'S.

Votre Agnés eſt perduë;
On vous fait époufer Conſtance dès ce jour.

PIERROT.

Et que deviendra donc, chere Agnés, notre amour ?

AGNE'S.

O trop funeſte amour ! avant que de m'y rendre;
Vous ſçavez quels efforts je fis pour m'en défendre.
Un jour dans ma Cuifine entré fecrettement,
Vous vintes me conter votre amoureux tourment :
Je vous priai cent fois de me laiſſer tranquille,
Vous n'écoutâtes point ma priere inutile ;
Et me ſerrant les mains, embraſſant mes genoux,
Vous fites éclater les tranſports les plus doux.
Mais piqué des rigueurs de ma vertu mutine,
Vous prîtes auſſi-tôt le coûteau de Cuiſine ;
Je craignis pour vos jours, j'arrêtai votre main;
Et je vous empêchai de vous percer le fein.
Vous jettâtes le trouble, & l'effroi dans mon ame;
Dès ce même moment je devins votre femme,
Mais hélas, tout conſpire aujourd'hui contre nous !
On veut, mon cher Pierrot, briſer des nœuds ſi doux.
Votre marâtre enfin que la rage tranſporte,
Me ſoupçonne déja ....

PIERROT.

Que le diable l'emporte;

Mais n'apprehendez rien , je ſçaurai vous venger :
Si quelqu'un dans ces lieux oſe vous outrager :
Calmez-vous , belle Agnés ; baniſſez vos allarmés ,
Vos yeux ne ſont point faits pour répandre des larmes ;
Ils doivent s'occuper à des emplois plus doux.
Vous fites tout pour moi ; je ferai tout pour vous.

AGNE'S.

Point de révolte au moins ; mon fils , qu'il vous ſouvienne ;
Que lorſque je reçûs votre main , vous la mienne ;
Avant que nous couchet , vous me promîtes bien ,
Que jamais contre un pere ....

PIERROT.

Ah ! je ne promis rien ;
Que diable dans la tête , allez-vous donc vous mettre ?
Ne pouvant rien prévoir , que pouvois-je promettre ?
Sçavois-je que mon pere , à ſoixante & quinze ans ,
Reprendroit une femme avec de grands enfans ?
Et que de cette femme on m'offriroit la fille ,
Pour ne faire par-là qu'une ſeule famille ?
Mais pour ne rien riſquer dans des périls ſi grands ,
Fuïez , fuïez , Agnés , avec nos chers enfans ;
Ces gages précieux de notre amour parfaite.

AGNE'S.

Non , non , je ne dois point ſonger à la retraite ;
Nous découvririons tout , laiſſez-moi dans ces lieux ;
Mais ne nous voyons plus.

PIERROT.

Chere Agnés ; je le veux :
Il faut vous obéir , mon pere va m'entendre ,
Cachez bien l'interêt que vous y pouvez prendre ;
Pour quelque tems encor diſſimulons nos feux ;
Et faiſons ſur nos cœurs cet effort généreux ;
Mais du moins baiſe-moi , la choſe m'eſt permiſe ;
C'eſt une liberté que l'hymen autoriſe.

AGNE'S.

Que me demandez-vous ?

PIERROT.

Rien qu'un petit baiſer ?

Cette

Cette faveur, Agnés, ne peut se refuser,
C'est tout ce qu'à présent mon amour se propose ;
Je me garderai bien d'exiger autre chose.

AGNE'S.

Hé bien soit .... mais j'ai peine à sortir de ce lieu,
Nous nous disons peut-être un éternel adieu.

Elle s'en va.

SCENE VII.

PIERROT *seul.*

J'Attends ici mon pere, il croira me confondre ;
Mais à bon chat bon rat, je sçaurai lui répondre ;
Il vient. Constance ici devoit suivre ses pas,
Mais elle fera mieux de n'y paroître pas ;
La belle vainement chercheroit à me plaire,
Sa présence en ces lieux n'est pas fort nécessaire.

SCENE VIII.

LE BAILLY, PIERROT.

LE BAILLY.

JE vous cherchois, mon fils, & je vous trouve ici,

PIERROT *d'un air fier.*

A la bonne heure.

LE BAILLY.

Enfin, mon cher fils, Dieu merci,
Vous avez comme il faut imité mon adresse,
Aux jeux où l'on m'a vû briller dans ma jeunesse :
Il s'agit de sçavoir, si dans d'autres exploits,
Où l'on sçait que j'étois un compere autrefois,
Vous pourrez dignement égaler votre peré,
Je veux vous marier à Constance, & j'espere ....
Vous secoüez la tête, expliquez-vous.

PIERROT.

Hélas !

Sans que je dise rien, ne m'entendez-vous pas ?

B

LE BAILLY.

Ah ! j'entens, votre cœur ne reſſent rien pour elle ?
Elle n'eſt pas peut-être à vos yeux aſſez belle.
Eſt-ce au fils d'un Bailly de regarder aux traits !
Il ne doit conſulter que ſes ſeuls interêts,
Conſtance en l'épouſant, va vous mettre à votre aiſe ;
Enfin, que ſa beauté vous plaiſe, ou vous déplaiſe,
Vous ſerez ſon époux, j'ai réſolu cela,
J'ai donné ma parole.

PIERROT.

Hé bien, retirez la ;
Quoi ! le fils d'un Bailly n'aura pas l'avantage,
Qu'on ne refuſe pas au dernier du Village ?
On veut juſqu'à ce point contraindre mon ardeur ;
Et je ne pourrai pas diſpoſer de mon cœur !

LE BAILLY.

Nous avons un dédit d'une aſſez groſſe ſomme ?
Et ſi de le payer il faut que l'on me ſomme,

PIERROT.

Faut-il à vos genoux me jetter ? m'y voilà.

LE BAILLY.

Tarare .... il s'agit bien maintenant de cela ;
Il s'agit de payer, ou tenir ma promeſſe,
Je ne veux pas ſur moi, m'attirer tout Gonneſſe.

PIERROT.

Nos Manans, s'il le faut, vous prêteront la main ;
Le Bailly d'un Village en eſt le Souverain :
Des Mitrons peuvent-ils vous cauſer tant d'allarmes ;
Dites un mot, je ſuis prêt à prendre les armes.
Le plus affreux danger ne peut m'intimider,
Dans un péril preſſant, il faut tout hazarder,
Rien ne me fait trembler, j'ai du cœur, de l'adreſſe ;
J'oſe dès à préſent défier tout Gonneſſe.
Envain ſes Habitans s'armeroient contre vous,
C'eſt aſſez de moi ſeul pour les abattre tous.

LE BAILLY.

A cet emportement je ferai la réponſe,
Que fit en pareil cas à ſon fils Dom Alphonſe.

Vos fureurs ne font pas une regle pour moi,
Vous parlez en Soldat, je doit agir en Roi.

PIERROT.

A quoi bon me citer ce beau vers de Corneille,
Dont vous avez cent fois étourdi mon oreille ?

LE BAILLY.

Je crois que ce coquin se mocque encor de moi !
Oh ! vous m'obéïrez, ou vous direz pourquoi.

PIERROT.

Non, je ne ferai point ce qu'on veut que je fasse.

LE BAILLY.

Vous le ferez, ou bien du logis je vous chasse ;
En un mot, je le veux.

PIERROT.

      Et moi ce que je suis
Ne me permet aussi qu'un mot , ... je ne le puis.

SCENE IX.

LA BAILLIVE, LE BAILLY, PIERROT, AGNE'S.

LA BAILLIVE.

MOn mari, pour le coup, j'ai découvert l'affaire,
Ne vous étonnez plus qu'à vos defirs contraire,
Pour ma fille, Pierrot ne montre que mépris ;
Voilà l'indigne objet dont son cœur est épris.

En montrant Agnés.

LE BAILLY.

Ma Servante !

AGNE'S.

    Ah ! bon Dieu, moi ! l'innocence même.

PIERROT.

Ne défavoüez point, Agnés, que je vous aime :
A quoi bon ces détours ? il il n'en faut plus chercher,
Mon amour est trop grand pour le pouvoir cacher.

LE BAILLY *à Agnés.*

Cela feroit-il vrai, petite mijaurée,
Qui faites devant nous la sotte & la sucrée ?

PIERROT.

Ah ! faites sur moi seul tomber votre couroux ,
Agnés n'est point coupable , & jamais ....

LE BAILLY.

Taisez-vous.

Ma femme , entre vos mains je remets la coquine ,
Allez la renfermer , à clef , dans la cuisine.

PIERROT.

Ah ! quel ordre barbare ! Agnés , ma chere Agnés ,
Quoi ! je ne verrois plus de si charmans attraits !
Je ne souffrirai point qu'elle me soit ravie ,
Et je souffrirois moins si l'on m'ôtoit la vie.

LE BAILLY.

Vous ne la verrez plus.

PIERROT.

Ah ! mon pere , arrêtez ;
En quelles mains , hélas ! la laissez-vous ?

LE BAILLY.

Sortez.

PIERROT.

Quelqu'un va le payer , ou je me donne au diable ,
Je sors , mais je crains bien de revenir coupable.

LE BAILLY à sa femme.

Avertissez nos gens de l'observer de près ,
Tandis que je m'en vais entretenir Agnés.

S C E N E X.

LE BAILLY, AGNE'S.

LE BAILLY.

OH ça , ma chere Agnés , parlons sans nous contraindre ;
Quelque sujet que j'aye aujourd'hui de me plaindre ,
Je vous aime , & je veux vous prendre par douceur.
Mon fils nourrit pour vous une coupable ardeur ,
Tâchez de l'en guérir. Vous sçavez que Constance
Doit faire avec Pierrot une étroite alliance ;
Avec un bon garçon je veux vous marier ;

Feu votre ayeul étoit mon pere nourricier :
Le bon homme avec soin eleva ma jeunesse,
Et m'apprit dans son tems mille tours de souplesse ;
Il étoit l'Ecrivain du Procureur Fiscal,
Et dans tous les Procès son faux témoin banal,
Aussi-bien que son Maître, il sçavoit la Pratique,
De la chicanne enfin, il m'apprit la rubrique :
Et comment, sans aller voler sur le chemin,
On pouvoit s'emparer du bien de son voisin.
Mais il m'apprit encor, ce vieillard respectable,
Qu'un pere pour son fils doit être inexorable,
Qu'il doit le châtier, & ne ménager rien,
Sur tout, quand il épouse une fille sans bien.
Et que l'on ne peut trop punir une servante,
Quand elle est assez vaine, assez impertinente ;
Pour oser s'amuser au fils de la maison.
De votre sage Ayeul ; telle fut la leçon ;
Chere Agnés, & pour prix de ma reconnoissance ;
Vos services auront bientôt leur récompense.
Arlequin, le Bedeau, peut vous donner un rang ;
Vous sçavez qu'il vous aime, & qu'il est de mon sang ;
A l'épouser demain, chere Agnés, soyez prête,
Je m'oblige à vous faire un trousseau fort honnête.

AGNES.

Pourrois-je me résoudre à lui donner ma foi
Quand je ne l'aime point ?

LE BAILLY.

Agnés, écoutez-moi.

Avec ce mien parent, si l'hymen vous engage,
Moi-même je ferai les frais du mariage.
Choisissez, d'un quartier de vignes ou de pré,
Foi de Bailly d'honneur je vous le donnerai.
Votre Ayeul m'est si cher, j'honore tant sa cendre ;
Qu'il n'est rien que de moi vous ne deviez attendre,
Pour faire voir à tous que le dernier Vassal,
Qui forme les Baillis, est presque leur égal.

AGNES.

Le Bedeau, je l'avoüe, est homme de mérite ;

Mais de cette faveur de bon cœur je vous quitte ;
C'est répondre fort mal à mes intentions ,
Que de payer ainsi vos obligations
En faveur d'un ayeul votre reconnoissance
Eclatte vainement , & je vous en dispense ;
Car si c'est à ce prix que vous vous acquittez ,
Je me passerai bien de toutes vos bontez.

LE BAILLY.

Qu'entens-je ! à ce discours, je ne puis rien comprendre ;
A la main de mon fils , oseriez-vous prétendre ?
Ah ! si je le sçavois je vous ferois bien voir ,
Que ce n'est point en vain qu'on brave mon pouvoir.
Mais quoi , vous rougissez , & vous baissez la vûe ...
Agnés , c'est pour le coup que vous seriez perduë ;
Et je me servirois de mon autorité ,
Pour vous mettre bientôt en lieu de sûreté.

___

SCENE XI.

LA BAILLIVE , LE BAILLY , AGNES.

LA BAILLIVE.

AH ! vraiement mon mari , voici bien du tapage ;
Votre fils animé de fureur & de rage ,
Malgré votre défense a forcé la maison ;
Nos gens qu'il a chargés de cent coups de bâton ,
N'ont pû lui résister , il a sçû les abattre ,
Et pour ravoir Agnés , il fait le diable à quatre.

LE BAILLY.

Malheur que je n'ai pû prévoir ni prévenir !
Mais tout coup vaille ; allons ... me perdre ... ou le punir.

___

SCENE XII.

LA BAILLIVE , AGNES.

LA BAILLIVE.

VOus vous faites aimer d'une étrange maniere ;
Et voilà bien du train pour une Cuisiniere.

Le beau charivari que vous causez chez nous ;
Vous avez tant d'attraits, que pour l'amour de vous,
Votre galant ici fait naître le désordre,
Et nous donne aujourd'hui bien du fil à retordre.

AGNE'S.

N'insultez pas du moins, Madame à ma douleur,
Et lorsque de Pierrot, je prévois le malheur,
Bien loin d'être insensible au chagrin qui m'accable,
Laissez-moi le plaisir de le pleurer coupable.

LA BAILLIVE.

Vous avez animé ce petit libertin,
Agnés, votre malheur n'en est que plus certain,
Puisque vous révoltez le fils contre le pere,
Redoutez les effets de ma juste colere.

AGNE'S.

Madame, puis-je craindre un impuissant couroux,
Quant je suis aujourd'hui plus à plaindre que vous,
Dans ce qu'a fait Pierrot, que trouvez-vous d'étrange?

LA BAILLIVE.

Je créve de dépit, & la main me demange ....
Mais son galant paroît ; qui le conduit ici ?
Quoiqu'il en soit, sçachons ce que fait le Bailly.

SCENE XIII.

PIERROT, *l'épée à la main*, AGNE'S.

PIERROT.

Graces au ciel, escorté d'une troupe mutine,
Je puis vous dérober au sort qu'on vous destine,
De ces funestes lieux, ma chere, éloignons-nous.
Venez Agnés, venez, & suivez votre époux.

AGNE'S.

Qu'avez-vous fait, cruel, quel horrible tapage,
Ah ! que je me repens de notre mariage.
Voilà donc tout le fruit d'un funeste lien ?
Votre crime aujourd'hui m'éclaire sur le mien,
Contre nous vous avez ranimé votre pere,

Nous ferons les objets de sa juste colere ;
Qu'allons-nous devenir ; hélas ! ce font vos rats
Qui me jettent , cruel , dans tout cet embarras.

PIERROT.

Mocquons-nous de cela ; prenons tous deux la fuite ;
Nous pourrons de mon pere éviter la pourfuite ;
Hâtez-vous ; fuivez-moi.

AGNE'S.

Non , ne l'efperez pas

Pierrot ; je crains le crime , & non pas le trépas ;
Cette indigne action irrite ma colere ,
Allez dès ce moment appaifer votre pere.
Demandez lui pardon , ce crime eft odieux ,
Méritez votre grace , ou mourez à fes yeux ;
Je fouffrirai bien moins du deftin qui m'accable ,
A vous perdre innocent , qu'à vous fauver coupable.

PIERROT.

Les plaifans fentimens : vous avez l'air naïf ,
Ainfi je vous plairois beaucoup plus mort que vif ;
Je vous fuis obligé de votre courtoifie ,
Mais mon pere paroît , vous le voyez , ma mie ,
Si nous étions fortis , il arrivoit trop tard.

SCENE XIV.

LE BAILLY , LA BAILLIVE , AGNE'S , PIERROT.

LE BAILLY *fans voir Pierrot.*

OU pourrai-je trouver mon fripon , mon pendard !
Si je l'attrappe , il va payer pour tous les autres ;
Ah ! ah! le beau garçon , vous faites donc des vôtres ?
Coquin , rends ton épée , ou m'en perce le fein :
Viens , avance , ...

PIERROT *jettant fon épée.*

Ce mot l'arrache de ma main ;

Il me feroit beau voir vous pouffer une botte ,
Je voulois enlever mon Agnés , mais la fotte ,
N'a pas voulu me fuivre , ainfi vous voyez bien ,

Que dans ce que j'ai fait elle ne trempe en rien,
C'est sur moi seul que doit tomber votre colere ;
Agnés n'est point coupable, & je le réitere...

LE BAILLY.

Cesse de t'occuper de ces frivoles soins ;
Tu la servirois mieux, en la défendant moins :
Je sçais ce que j'en crois.

PIERROT.

    S'il faut qu'on la punisse,
Ne perdez point de temps, hâtez donc mon suplice ;
Si-non, vous me verrez encor plus furieux ;
Dès demain assommer, briser tout en ces lieux.
Par des torrens de sang, s'il falloit les répandre,
J'irois venger Agnés, n'ayant pû la défendre ;
Et je n'excepterois dans un tel désespoir,
Que vous seul & Constance. Adieu, jusqu'au revoir.

SCENE XV.

LE BAILLY, LA BAILLIVE, AGNE'S.
LE BAILLY.

Voyez-vous ce coquin, comme encor il me brave ?
Qu'on aille l'enfermer dans le fonds de ma cave :
Prévenons la fureur d'un tel emportement.

   A la Baillive.

Et vous, gardez toujours Agnés soigneusement.

SCENE XVI.

LE BAILLY *seul.*

Quelques reflexions sont ici nécessaires,
Pour balancer les droits des Baillifs & des Peres.
Eh bien, Bailly, tu dois punir un criminel :
Quoi, pere, pourras-tu te montrer si cruel ?
Bailly, point de quartier, exerce la justice ;
Pere, ne permets pas que ton cher fils périsse.
Non, je le punirai, c'est l'Arrêt du Bailly...
Oh ! non pas, s'il vous plaît, vous en aurez menti.
Punissons... Pardonnons.... Soyons dur.... Soyons tendre,...
Helas dans cet état, quel conseil dois-je prendre ?

C

Faites entrer les Grands ; le Marguillier d'honneur,
Le Bedeau mon parent, & le Carillonneur,
Avec le Magister ; dans une telle affaire,
L'avis de ces Messieurs me sera necessaire.

S C E N E XVII.

LE MAGISTER, ARLEQUIN Bedeau, LE MARGUILLI E
LE CARILLONNEUR, LE BAILLY.

LE BAILLY, *Après qu'ils se sont assis.*

JE vois à ce soupir, à ces pleurs, ce sanglot,
Que vous êtes instruits des frasques de Pierrot,
Que les enfans gâtez causent de maux aux Peres !
Vous êtes mes Parens, mes Amis, mes Comperes,
De grace, honorez-moi de vos sages avis,
Il s'agit de punir, ou d'absoudre mon fils.
Chaque jour à mes yeux son insolence augmente,
Et non content d'avoir débauché ma Servante,
Il a presque assommé mon Clerc, mon Jardinier.
A qui donc désormais pourrai-je me fier ?
Un fils pour qui j'ai fait éclater ma tendresse,
Ose pousser si loin sa fureur vengeresse !
J'en dois faire un exemple, il m'a désobéi ;
Je le ferai partir pour le Micissipi ;
Et me laissant guider par ma juste colere,
Je mettrai ma Servante à la Salpétriere.
Vous, Arlequin, parlez.

ARLEQUIN.

On ne sçauroit nier
Que toujours le Bedeau doit marcher le premier ;
Mais j'attendois, Bailly, pour rompre le silence,
Que votre autorité m'en donnât la licence,
Je vais donc vous parler sans feinte & sans détour ;
Vous sçavez, pour Agnés, jusqu'où va mon amour,
Et puisqu'il faut ici que tout mon cœur s'épanche,
Je comptois sûrement la tenir dans ma manche ;
Mais j'ai fort mal compté, pour mes feux quel échec !
Votre fils m'a passé la plume par le bec,
Et quoiqu'il soit l'auteur de mon sort déplorable,

Je ne puis le haïr, car je suis un bon diable.
Vous vous plaignez qu'il a forcé votre maison;
S'il vous avoit donné quelques coups de bâton,
Il auroit plus de tort; excusez la jeuneffe;
Il ne venoit ici qu'enlever fa maîtreffe:
Et quoique l'action vous femble un attentat,
Je n'y vois pas de quoi faire feffer un chat.
Rendez-lui fon Agnés, s'il le faut qu'il l'époufe,
Ce mot fort à regret d'une bouche jaloufe,
Mais, puifque vous voulez enfin le châtier,
Le meilleur châtiment eft de le marier;
Il en enragera dans quatre jours peut-être,
Sa femme rabattra fes airs de petit maître,
Pour ranger la jeuneffe, il n'eft que ce moyen,
Mon avis eft fort bon, le votre ne vaut rien,
Nous avons de l'efprit, & rien ne s'y dérobe,
Nous ne fommes pas fots, nous autres gens de robe.

LE BAILLY.

Magifter, c'eft à vous de dire votre avis.

LE MAGISTER.

Il le faut avoüer, j'eftime votre fils;
Son amitié pour moi ne s'eft point rallentie,
Et je ne puis nier que je lui dois la vie,
Un jour que j'étois yvre, il m'en fouvient toûjours,
Ce généreux garçon me prêta fon fecours.
Accablé de fommeil, étendu dans la place,
Moi-même j'euffe été l'auteur de ma difgrace;
Une charette alloit me paffer fur le corps,
Quand pour me relever il fit plufieurs efforts,
Me chargea fur fon dos, fier de fon entreprife,
Comme Enée autrefois, porta fon pere Anchife.
Pourtant, quoique fenfible aux bontez de ce fils,
Si j'ofois m'expliquer....

LE BAILLY.

Achevez.

LE MAGISTER.

J'obéis.

Si vous ne puniffez une telle infolence,

Jamais vous ne ferez chez vous en affurance ;
Puifque vous êtes Juge , il faut le condamner ;
Et vous ferez fort bien de le moriginer.
Son fort me fait pitié, j'en pleure, j'en foûpire ;
Mais aux ordres d'un pere, un enfant doit foufcrire.
C'eft un petit mutin , quoi qu'il m'ait bien fervi ,
Je conclus avec vous , pour le Miciffipi.

LE BAILLY *aux autres Confeillers.*

Vous ne me dites rien , vous gardez le filence ,
Meffieurs , ah ! je fçai trop ce qu'il faut que j'en penfe ;
Qui ne dit mot, confent. Je condamne mon fils ,
Je ne demande point là-deffus vos avis ;
La chofe eft inutile , & n'en vaut pas la peine ,
Car vous n'êtes ici que pour orner le Scene.

SCENE XVIII.

LE BAILLY *feul.*

Mon fils va donc partir pour le Miciffipi ;
Mais que deviendras-tu quand il fera parti ?
Bailly trop malheureux , te voilà fans lignée !
Tu n'en peux efperer d'un fecond hymenée !
Ta race va finir , quel malheur pour l'Etat !
Dois-je immoler un fils aux claufes d'un contrat ?
Chacun avec raifon dira que je radotte ,
Et l'on m'enrollera bien-tôt dans la calotte.

SCENE XIX.

UN PAYSAN , LE BAILLY.

LE BAILLY *au Payfan.*

Que me veut-on ?

LE PAYSAN.

Agnés demande à vous parler ;
Elle a quelques fecrets , dit-elle , à réveler,

LE BAILLY.

Qu'elle entre.

SCENE XX.

AGNES , LE BAILLY , UN ARCHER.

LE BAILLY.

Approchez-vous , venez la belle fille ;

Qui mettez le défordre en toute ma famille.

AGNE'S.

Votre couroux est juste, & loin de vous blâmer,
Je fçais que contre moi tout doit vous animer,
Je ne réfiste point au coup qui me menace ;
Mais daignez m'accorder une derniere grace :
A mes vœux empreffez ne la refufez pas ;
Ordonnez à l'Archer qui fuit ici mes pas,
Qu'il faffe exactement ce que j'ai fçû lui dire,
C'eft la feule faveur à laquelle j'afpire,
Dans l'état où je fuis j'ofe la demander.

LE BAILLY.

Faites ce qu'elle veut.

AGNE's *à l'Archer.*
Revenez fans tarder.

Enfin je vais parler, rien ne doit me contraindre ;
De toutes vos fureurs je n'ai plus rien à craindre,
Bailly, que la pitié ne vous retienne plus,
Tous mes crimes encor ne vous font pas connus.
Armez contre mes jours votre pouvoir fuprême ;
Pour votre aimable fils, ma tendreffe eft extrême ;
Et loin de redouter votre jufte couroux,
Je vous dirai bien plus, Pierrot eft mon époux.

LE BAILLY.

Votre époux ! ciel, qu'entens-je ! ah ! friponne, ah ! coquine!
Avez-vous oublié votre baffe origine ?
Mais pourquoi m'avouer fi tard un tel fecret,
Dès le commencement vous deviez l'avoir fait.
Vous dire de mon fils époufe & non maîtreffe,
Mais vous avez voulu faire durer la Piece ;
Pour étaler ici tous ces beaux fentimens,
Que j'ai lûs & relûs cent fois dans les Romans.
Mon fils en pâtira ... AGNE'S.
Suivez donc vos maximes ;
On vous amenne encor de nouvelles victimes,
Voici du fruit nouveau qui vous eft prefenté :
Voyons fi d'un Bailly toute la dureté,
Pourra ... LE BAILLY.
Dans ce moment ma fureur redoublée

Mais que vois-je ?

SCENE XXI.

Quatre ENFANS *amenez par une Nourrice*,
AGNE'S, LE BAILLY, UN ARCHER.

AGNE'S.

Venez, famille désolée,
Venez, pauvres enfans, qu'on veut rendre orphelins ;
Venez faire parler vos soupirs enfantins.
Approchez-vous, mes fils, voilà votre grand pere,
Embrassez ses genoux, appaisez sa colere.

LES ENFANS *à genoux devant le Bailly*.

Mon papa, mon papa, mon papa, mon papa.

LE BAILLY.

Et d'où diable a-t'on fait sortir ces marmots-là ?
Ai-je dans ma maison des chambres inconnuës ?
Oh ! pour le coup il faut qu'ils soient tombez des nuës ;
Ont-ils pû parvenir à l'âge où les voilà,
Sans qu'aucun du logis ait rien sçû de cela ?

AGNE'S.

N'y voyez point mes traits, n'y voyez que les vôtres ;
Ils ignorent leur pere, ainsi que beaucoup d'autres,
Ces gages precieux que j'ose vous offrir.
Loin de vous irriter devroient vous attendrir.

LE BAILLY.

Pour prouver un hymen, petite impertinente,
Vous montrez des Enfans ? la preuve en est plaisante.

AGNE'S *lui montrant son Contrat de mariage*.

Vous me faites rougir, & c'est trop m'insulter,
En voyant ce Contrat en pourrez-vous douter ?

LE BAILLY *après l'avoir examiné*.

Ah ! je ne dis plus rien, & cet acte authentique,
Imposera du moins silence à la critique.

En regardant les Enfans.

Qu'ils sont jolis ! gentils ! j'en suis tout réjoüi ;
Ils ressemblent au pere, on diroit que c'est lui.

Il les embrasse.

A toute ma tendresse enfin je m'abandonne ;

A l'Archer.

Faites venir mon fils, allez, je lui pardonne ;

A Agnès.

C'en est fait , je me rends , & Pierrot est à vous ;
Aimez plus que jamais , Agnés , ce cher époux ;
Ma femme grondera ; fera bien la mauvaise ;
Mais je m'en mocque.   AGNE'S.

          Hélas ! que vous me comblez d'aise ;
Mais d'où vient tout à coup la douleur que je sens ?
Le cœur me bat , je tremble. Eloignez mes enfans.

        LE BAILLY.

Quels transports imprévus ! quelle mouche vous pique ?
Chere Agnés , qu'avez-vous ?

      AGNES *en criant.*

          Seigneur , j'ai la colique.

     LE BAILLY.

Ah ! je me doute bien d'où peut venir cela ;
Ma carogne de femme a joüé ce trait-là ;
Quel tems a-t'elle pris pour un coup de la sorte ?
Ma foi si j'en sçai rien , que le diable m'emporte ;
Et de m'en informer je prends peu de souci ,
Non plus que de chercher remede à tout ceci.

SCENE XXII.

PIERROT *fans voir Agnés* , LE BAILLY, AGNE'S *évanoüie;*
ARLEQUIN , LA NOURRICE.

     PIERROT

Souffrez qu'à vós génoux , mon pere , je déploye
Tout ce qu'en ce moment mon cœur reffent de joye ;
Vous me rendez Agnés.

     LE BAILLY.

        Ah ! mon paüvre garçon ,
Je vous la rends ici d'une étrange façon ;
Et nous avons compté tous les deux fans notre hôte ;
Votre Agnés va mourir .... mais ce n'est pas ma faute.

     PIERROT.

Ah ! voilà de ces coups où l'on ne s'attend pas ;
Quoi ! falloit-il fa mort pour fortir d'embarras ?
Agnés , ma chere Agnés , pour jamais m'est ravie ;
Ce fer m'est donc rendu pour m'arracher la vie.

     Il veut se frapper.

LE BAILLY *lui retenant la main.*

Ah ! mon fils ; arrêtez ...

PIERROT.

Pourquoi me secourir ?
Laissez-vous voir mon père ; en me laissant mourir ...

LE BAILLY.

Quel discours tenez-vous ? eh quoi ! quelle chimere ?
Laissant mourir un fils , se montre-t'on son pere ?
Je veux que vous viviez.

PIERROT.

Et si je ne meurs pas ,
Que deviendra Constance avec tous ses appas ?
Faudra-t'il l'épouser , s'en retournera-t'elle ?
Vous m'irez là-dessus chercher encor querelle.

AGNÈS.

Adieu , mon cher époux , c'en est fait , je me meurs ;
Venez à mes genoux étaler vos douleurs.

PIERROT.

Chere Agnés ; vous mourez : ô rigueur inhumaine !

ARLEQUIN.

Tirons tous nos mouchoirs ; voici la belle Scene.

PIERROT *aux genoux d'Agnés.*

Pleurez , pleurez mes yeux , & fondez-vous en eau ,
Puisque ma chere Agnés va descendre au tombeau.
Hélas ! si l'art eut pû rendre Agnés à la vie ,
Que de gens en auroient ici l'ame ravie ,
Le Spectateur n'eût pas été si consterné ,
Et sur la bonne bouche on s'en fût retourné ;
Il le faut avoüer , c'étoit un coup de maître ;
Mais ce qu'on n'a point fait , je le ferai peut-être.
Telle que l'on croit morte , ou près du monument ,
Revient souvent de loin à la voix d'un Amant.
Revivez , chere Agnés , c'est moi qui vous en prie , ...
Tenez voilà de l'eau de la Reine d'Hongrie.

AGNÈS.

Quelle voix me rappelle , & m'arrache au trépas !

PIERROT.

Hé bien , qu'avois-je dit ? Ne la voilà-t'il pas ?
Ah ! que je suis content ! puisqu'Agnés n'est pas morte ,
Chantons , cabriollons , & de la bonne sorte.

Les Paysans & Paysannes viennent témoigner leur joye ,
& forment un Divertissement.

FIN.

www.ingramcontent.com/pod-product-compliance
Lightning Source LLC
Chambersburg PA
CBHW030124230526
45469CB00005B/1795